Bildnachweis
© Arco Images – Bruno D'Amicis: S. 25 (o. l.); Terry Andrewartha: S. 26 (r.); Camerabotanica: S. 15 (o. l.); David Hosking: S. 26 (M.); Hans Lang: S. 19 (o. M.); Pascal Tordeux: S. 15 (u. l.)
© blickwinkel – H. Bellmann: S. 32; H. Bellmann/F. Hecker: S. 16 (r.), S. 21 (l.); M. Delpho: S. 23 (u. r.); S. Derder: S. 13 (u. l., u. r.), S. 15 (o. M., u. r.), S. 23 (o. r.); H. Duty: S. 18 (M.), S. 19 (u.), S. 21 (r.), S. 23 (M. r.); J. Fieber: S. 9 (o. l., o. r.), S. 33 (u. r.); fotototo: S. 10 (l.), S. 30 (l.); P. Frischknecht: S. 3; R. Guenter: S. 9 (u. r.), S. 24 (o.); A. Hartl: S. 2, S. 22 (r.); F. Hecker: S. 4 (o. l., r.), S. 11 (u. l.), S. 17 (l., r.), S. 18 (l.), S. 22 (l.), S. 23 (l., M.), S. 31, S. 33 (o. l.); M. Hicken: S. 26 (l.); H. J. Igelmund: S. 32/33; R. Koenig: S. 5 (r.), S. 13 (o. r.), S. 33 (o. r.); J. Kottmann: S. 14 (l., r.), S. 18 (r.), S. 19 (o. r.); A. Laule: S. 4 (u. l.); W. Layer: S. 5 (l.), S. 10 (r.), S. 11 (o. l., o. r.), S. 27 (r.); L. Lenz: S. 27 (l.); McPHOTOs: S. 15 (o. r.); McPHOTO/M. Begsteiger: S. 29 (r.); McPHOTO/BilderBox: S. 30 (r.); McPHOTO/W. Rolfes: S. 25 (u. r.); McPHOTO/A. Trunk: S. 25 (o. r.); J. Meul-Van Cauteren: S. 20 (r.); H. Schmidbauer: S. 16 (l.); F. Teigler: S. 8, S. 13 (o. l.), S. 19 (o. l.), S. 20 (l.); E. Teister: S. 28/29; C. Wermter: S. 25 (u. l.)
© iStockphoto – Janine Lamontagne: Cover; LianeM: S. 9 (u. l.); rjb8267: S. 24 (u.)
© mauritius images – Alamy: S. 11 (u. r.), S. 25 (o. M., u. M.); David & Micha Sheldon: S. 33 (u. l.)
© Veronika Straaß – S. 34

FSC www.fsc.org MIX Papier aus verantwortungsvollen Quellen FSC® C043106

www.hase-und-igel.de
Lektorat: Monika Burger, Anna Schultes
Satz: Claudia Trinks
Illustrationen: Hendrik Kranenberg
Druck: Grafisches Centrum Cuno GmbH & Co. KG

ISBN 978-3-86760-792-6
3. Auflage 2024

Veronika Straaß

Die Wiese

Ein Lebensraum für Tiere und Pflanzen

Hase und Igel®

Wie die Wiesen entstanden sind

Wie eine Wiese aussieht, weiß jeder: Viele Gräser, Kräuter und Blumen wachsen hier, doch Sträucher und Bäume fehlen. Aber warum eigentlich? Weil wir Menschen die Wiese jedes Jahr mähen.

Vor sehr langer Zeit war in unserer Gegend das ganze Land mit Wäldern bedeckt. Die Bauern trieben ihre Rinder und Schweine zwischen die Bäume, wo sie Gräser und Kräuter vom Boden fraßen. Auch kleine Bäumchen, die aus Samen aufgingen, knabberten die Tiere ab. Wenn alte Bäume umfielen, wuchsen deshalb keine neuen nach. So wurden die Wälder mit der Zeit immer lichter und am Boden konnten die Gräser und Kräuter besser wachsen. Wo man auch noch die restlichen Bäume fällte, wurde aus dem Wald Weideland.

Um ihr Vieh auch im Winter versorgen zu können, ließen sich die Bauern etwas einfallen: Sie warteten, bis die Gräser und Kräuter höher gewachsen waren, und mähten sie. Das getrocknete Gras diente dann als Futter in der kalten Jahreszeit. Jetzt waren die Wiesen entstanden, wie wir sie heute kennen.

Manchmal entstehen Wiesen auch von selbst, zum Beispiel wenn Bäume mit dem Boden oder dem Wetter nicht zurechtkommen. So ist es Bäumen hoch oben im Gebirge zu kalt, sodass nur noch Gräser und Blumen wachsen können.

Viele verschiedene Wiesenarten

Trollblumen mit ihren gelben Kugelblüten kommen auf feuchten Wiesen vor. Die Pflanze ist schwach giftig.

Eine Wiese, auf der sich der Blutweiderich wohlfühlt, ist nicht nur feucht, sondern nass – klatschnass!

Keine Wiese ist wie die andere. Das hat verschiedene Gründe: Liegt sie in der prallen Sonne oder im Schatten? Ist der Boden steinig, sandig oder voll fruchtbarer Erde? Bekommen die Pflanzen viel Wasser oder müssen sie eher mit Trockenheit klarkommen?

Wer ein bisschen Bescheid weiß, kann oft schon an den Pflanzen ablesen, wie der Boden unter ihren Wurzeln aussieht. Wenn auf einer Wiese Trollblumen, Sibirische Schwertlilien und der Schlangenknöterich wachsen, ist der Boden bestimmt feucht.

Die blaue Sibirische Schwertlilie und der rosafarbene Schlangenknöterich wachsen gerne auf Feuchtwiesen.

Da auf dieser Blumenwiese weiße Margeriten und blauer Wiesensalbei blühen, ist der Boden darunter vermutlich trocken.

Margerite, Wiesensalbei, Wiesenflockenblume und Ackerwitwenblume wachsen auf trockenen Wiesen, die nicht zu oft gemäht werden. Sie können nur überleben und sich vermehren, wenn sie genügend Zeit haben, ihre Samen komplett reifen zu lassen.

Leider kann man auf den meisten Wiesen heute kaum noch bunte Blumen finden. Wenn zu viel gedüngt wird, wachsen zwar die Gräser und der Löwenzahn besonders gut, aber andere Wiesenblumen werden einfach überwachsen. Sie bekommen unter den breiten Löwenzahnblättern zu wenig Licht und verschwinden nach und nach.

Der Kartäusernelke gefällt es auch dort noch, wo anderen Blumen der Boden zu trocken und zu wenig fruchtbar ist.

Mein Lexikon

Dünger:
Beim Wachsen saugen Pflanzen ständig Nahrung aus dem Boden. Damit der Boden nicht mit der Zeit unfruchtbar wird, liefert man ihm neue Nahrung nach. Diese Pflanzennahrung nennt man *Dünger.* Natürliche Dünger sind Mist, Jauche oder Hornspäne. Es gibt aber auch künstlich hergestellte Dünger zu kaufen.

Das Wiesenhaus

Eine Wiese erinnert ein bisschen an ein Haus mit Keller, Erdgeschoss und mehreren Stockwerken. Jede Etage bildet einen eigenen Lebensraum.

In der **Wurzelschicht** befinden sich die Wurzeln der Wiesenpflanzen. In der Erde sind unendlich viele winzige Lebewesen zu Hause, die den Boden durchmischen und abgestorbene Blätter und Stängel in Humus verwandeln. Auch Regenwurm, Maulwurf und Wühlmaus leben hier.

Die **Streuschicht** darüber heißt so, weil sich hier die welken Blätter und andere „Abfälle" der Wiese sammeln. Ameisen, Käfer, Asseln und Schnecken sind in dieser Etage unterwegs.

In der **Krautschicht** mit ihrem dichten Wald aus Stängeln und Blättern sind Heuschrecken, Spinnen, Marienkäfer, Blattläuse und die Raupen von Schmetterlingen zu Hause.

Im obersten Stockwerk, der **Blütenschicht**, suchen Hummeln, Bienen, Schwebfliegen und Schmetterlinge nach Nektar und Pollen.

Mein Lexikon

Insekten:
Insekten sind die größte Gruppe unter den Tieren. Sie haben sechs Beine und einen dreiteiligen Körper, der aus Kopf, Brust und Hinterleib besteht. Bei Ameisen, Fliegen oder Ohrwürmern sind diese drei Teile gut zu erkennen, bei einigen Insekten wie Wanzen dagegen nur schwer.

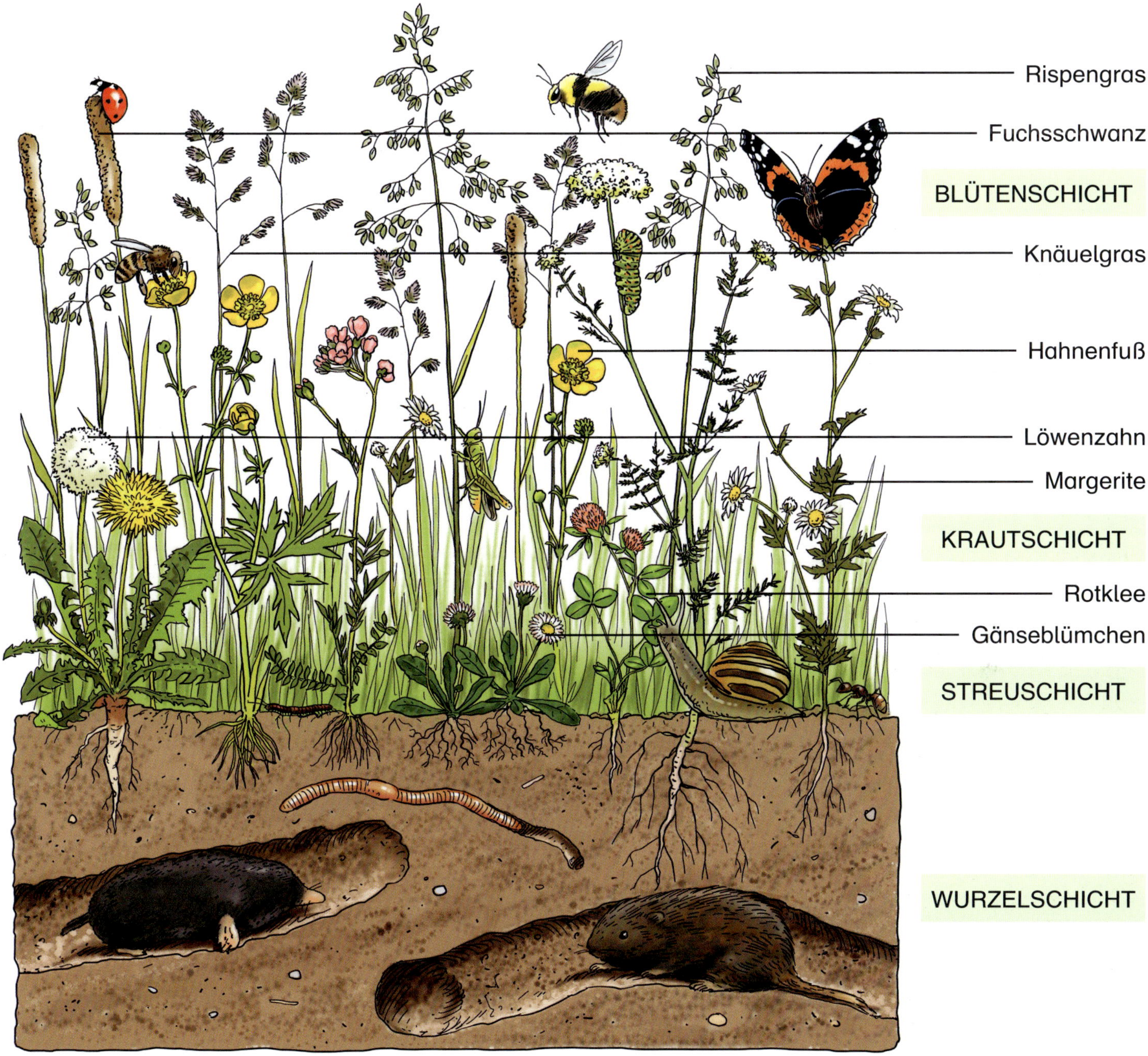
Rispengras
Fuchsschwanz
BLÜTENSCHICHT
Knäuelgras
Hahnenfuß
Löwenzahn
Margerite
KRAUTSCHICHT
Rotklee
Gänseblümchen
STREUSCHICHT
WURZELSCHICHT

Warum sind Blumen bunt?

Mein Lexikon

Nektar:
Der süße Blütensaft, den Blumen in ihren Blüten herstellen und der Insekten anlockt, heißt *Nektar*.

Blumen sind nicht deshalb bunt, weil wir das hübsch finden, sondern weil sie Käfer, Schwebfliegen, Bienen, Schmetterlinge und Hummeln anlocken wollen. Nur aus diesem Grund leuchten sie in den schönsten Farben, duften und bieten süßen Blütensaft an. Blumen brauchen die Insekten nämlich dringend, um sich zu vermehren.

Das funktioniert so: Wenn ein Insekt auf einer Blüte landet, um Nektar zu trinken, bleibt ein bisschen Blütenstaub an seinem Körper hängen. Fliegt es nun weiter zur nächsten Blüte derselben Blumenart, wird etwas vom mitgebrachten Blütenstaub auf den klebrigen Stempel gebracht, der genau in der Mitte der Blüte steht. Die Blüte ist befruchtet worden. Jetzt können sich Samen entwickeln, die später keimen und zu neuen Blumen heranwachsen.

Dunkle Streifen auf den Blüten zeigen den Insekten, wo es zum Nektar geht.

Das Wiesenschaumkraut ist die Lieblingsblume des Aurorafalters. Er kann hier nicht nur Nektar schlürfen, sondern auch gleich Eier ablegen. Die Blume dient später nämlich als Nahrung für die Raupen.

Käfer mögen am liebsten flache, offene Blüten, bei denen sie leicht an den Blütenstaub herankommen. Den Pflanzen macht es nichts aus, wenn die Käfer ein wenig davon fressen.

Nur Insekten mit langen Rüsseln kommen an den Nektar tief unten in den Blüten des Wiesensalbeis heran. Hummeln und Schmetterlinge sind hier richtig, Schwebfliegen haben keine Chance.

Honigbienen sind die wichtigsten Insekten für die Bestäubung von Blumen. Sie lieben ganz besonders lilafarbene Blüten. Eine Biene fliegt am Tag mehr als zweihundert Blüten an!

Das gelbe Blütenmeer

Schlaue Frage

Woher hat der Löwenzahn seinen Namen?
Schau dir mal die grünen Blätter genau an. Sie sind gezackt wie die Zähne eines Raubtiers – des Löwen!

Mein Lexikon

Pfahlwurzel:
Eine besonders kräftige Hauptwurzel, die sich wie ein Pfahl senkrecht in die Erde bohrt, heißt *Pfahlwurzel*. An ihr sitzen viele kleinere Seitenwurzeln.

Im April verwandelt sich die Wiese in ein gelbes Blütenmeer: Der Löwenzahn ist da! Wenn aus den gelben Blüten Pusteblumen geworden sind, trägt der Wind die Samen fort. Nicht immer landen sie auf fruchtbarem Boden, aber das macht ihnen nichts aus. Wenn nur ein bisschen Erde da ist, können sie auch in den kleinsten Pflasterritzen und Mauerspalten wachsen.

Und wenn ein Löwenzahn immer wieder abgemäht wird? Dann blüht er eben ein bisschen schneller und bildet die nächste Blüte schon an einem kurzen Stängel. So sind die Samen längst davongeflogen, wenn die Mähmaschine kommt. Sogar wenn seine Blätter bis auf den Boden abgefressen werden, gibt er nicht auf: Dann schiebt er aus seiner dicken Pfahlwurzel gleich mehrere Blattbüschel nach!

Der Löwenzahn blüht! Die gelben Köpfe sind „Blütenpakete“ mit vielen kleinen Einzelblüten. Aus jeder Einzelblüte entsteht später ein Samen – bis zu dreihundert Stück pro Blüte!

Wenn der Löwenzahn verblüht ist, sind aus den gelben Blüten weiße Pusteblumen geworden. An jedem Samen sitzt ein dünner Stiel mit einem Büschel feiner Haare.

Hummeln und Insekten können im Frühling am Löwenzahn schon Nektar holen, wenn die meisten anderen Blüten noch geschlossen sind.

Der Stieglitz frisst gerne die knackigen Samen der Pusteblume.

Alles nur geklaut!

Schlaue Frage

Woher weiß die Wurzel, wo unten ist?
Pflanzen können mit den Wurzelspitzen wahrnehmen, wo oben und wo unten ist. Sie haben dort eine Art Gleichgewichtsorgan. Wenn aber eine Wurzelspitze verletzt wird, erkennt sie nicht mehr, wo es nach unten geht, und wächst kreuz und quer durch die Erde.

Mein Lexikon

Schmarotzer:
Schmarotzer sind Pflanzen, die andere Pflanzen anzapfen und sich dort Wasser und Nährstoffe holen, die sie zum Leben brauchen.

Was haben der Klappertopf, der Augentrost, das Läusekraut und der Wachtelweizen gemeinsam? Alle vier sind hübsche Blumen? Das auch, aber vor allem benutzen sie den gleichen Trick: Sie haben zwar nur kümmerliche Wurzeln, dafür aber Saugorgane, mit denen sie in andere Pflanzen eindringen können. Auf diese Weise holen sie aus den Wurzeln ihrer Nachbarn Wasser und Nährstoffe, so ähnlich, wie Mücken bei uns Blut saugen. Kein Wunder, dass die vier Blumen meist saftig grün und gut genährt aussehen, auch wenn der Boden, auf dem sie wachsen, nur wenig Nährstoffe enthält.

Diese vier Wiesenblumen haben aber noch einen zweiten Trick, der ihnen das Leben leichter macht: Sie sind alle schwach giftig. Rinder, Schafe und andere Weidetiere mögen sie deshalb nicht und lassen sie lieber stehen.

Augentrost ist nicht nur hübsch, sondern auch heilsam. Die Pflanze wird seit langer Zeit als Heilmittel bei Augenentzündungen angewendet.

Acker-Wachtelweizen wuchs früher auf jedem Acker zwischen den Getreidehalmen. Heute findet man ihn nur noch selten auf trockenen Wiesen.

Der Klappertopf hat seinen Namen bekommen, weil die reifen Samen in ihren Hülsen klappern, wenn man die Pflanze schüttelt.

Das Sumpf-Läusekraut ist auf feuchten Wiesen zu Hause. Nährstoffe und Wasser „stiehlt" es mit seinen Saugorganen am liebsten von Gräsern.

Gräser – unauffällig, aber wichtig!

Schlaue Frage

Was hat der Heuschnupfen mit Heu zu tun?
Nicht viel. Heuschnupfen ist eine Allergie gegen Blütenstaub: Der Körper „glaubt“, der Blütenstaub von Gräsern oder Bäumen sei ein Feind, den man bekämpfen muss. Prompt wehrt er sich mit tränenden Augen und laufender Nase, um die winzigen Körnchen wieder loszuwerden.

Gräser sind eher unscheinbar und werden neben den vielen schönen Blumen auf der Wiese leicht übersehen. Sie duften nicht und haben keine bunten Blüten. Aber sie müssen ja auch nicht mit Duft oder Farbe auf sich aufmerksam machen und Insekten anlocken, die ihren Blütenstaub zu anderen Blüten tragen.

Gräser schicken ihren Blütenstaub einfach mit dem Wind auf die Reise. Beim leisesten Lufthauch ziehen ganze Wolken über die Wiese. Gräser stellen nämlich Unmengen von Blütenstaub her, damit es mit der Befruchtung auch dann noch klappt, wenn der Wind mal nicht so kräftig weht.

Knäuelgras

Wiesenfuchsschwanz

Das Wiesenrispengras kommt bei uns am häufigsten vor.

Das Wiesenkammgras sieht wie eine schmale Getreideähre aus.

Glatthafer wächst auch auf trockenem Boden noch gut.

Der Wind bewegt die herzförmigen Blüten des Zittergrases.

Gräser müssen eine Menge aushalten: Tiere und Menschen trampeln auf ihnen herum und kaum sind ein paar Halme nachgewachsen, werden sie wieder von Kühen, Schafen, Rehen und Hasen abgeknabbert. Doch Gräsern macht das nichts aus. Der wichtigste Teil der Graspflanzen sitzt nämlich dicht über dem Boden oder sogar unter der Erdoberfläche – und dort kommen die Tiermäuler beim Fressen fast nie hin.

Alle Getreidesorten – Weizen, Gerste und Hafer, aber auch Reis, Mais und Hirse – sind nichts anderes als Gräser, die von den Menschen so gezüchtet wurden, dass sie besonders große und dicke Körner hervorbringen. Sie sind die wichtigsten Nahrungsmittel für uns.

Für Forscher

Lege ein paar Grassamen in einen Blumentopf voll Erde. Halte die Erde ständig leicht feucht, dann kommen die Grasspitzen schon nach wenigen Tagen hervor. An warmen Tagen wächst ein Grashalm in nur einer Stunde bis zu einen Millimeter!

Leben in der Erde

Regenwürmer ziehen welke Blätter in ihre Gänge hinunter und warten ab, bis sie fast zerfallen sind. Die Pflanzenkrümel fressen sie dann.

Mein Lexikon

Larven:
Larven nennt man den Nachwuchs von Insekten. Viele sehen ihren Eltern überhaupt nicht ähnlich. Erst später entwickeln sich daraus die fertigen Insekten.

Viele Tiere fühlen sich im kühlen, feuchten Wiesenboden sehr wohl. Insekten- und Käferlarven zum Beispiel fressen am liebsten zarte Wurzeln und leben hier unten wie im Paradies. Sie graben sich dort durch den Boden, wo die Wurzeln am dichtesten sind und sie immer etwas zu knabbern finden.

Auch Regenwürmer sind unter der Erde zu Hause. Wenn sie an die Oberfläche kriechen, ist das ganz schön gefährlich. Denn oben warten Amsel und Igel, Fuchs und Dachs auf die leckeren Würmer.

So sieht die Larve des Maikäfers aus. Man nennt sie Engerling.

Der Maulwurf hat Vorderpfoten wie Grabschaufeln. Er braucht nur eine Minute, um einen dreißig Zentimeter langen Tunnel zu buddeln.

In ihren Gängen unter der Erde sind Wühlmäuse vor ihren Feinden sicher. Gefährlich wird es für sie erst, wenn sie zum Fressen an die Oberfläche kommen.

Maulwürfe bleiben lieber unten in ihren sicheren Gängen. Dort finden sie alles, was sie zum Leben brauchen. Sie sehen zwar nicht sonderlich gut, aber das würde ihnen im Dunkeln ja auch nichts nützen. Dafür fühlen sie noch die leiseste Erschütterung. Wenn sich ein Regenwurm oder eine Käferlarve durch die Erde wühlt, spüren sie das sofort, laufen hin und schnappen sich die Beute.

Wühlmäuse leben nicht wegen des Futters unter der Erde. Ihnen geht es eher um die Sicherheit. Sie graben sich meterlange Gänge und Wohnräume in den Boden und kommen nur nach draußen, um sich an Kräutern und Samen satt zu fressen.

Für Forscher

Baue für Hummeln einen Nistplatz aus einem Blumentopf aus Ton, der mit Holzwolle oder trockenem Moos gefüllt ist. Grabe den umgedrehten Blumentopf so in die Erde ein, dass nur noch der Boden mit dem Loch zu sehen ist. Ein Brettchen, das auf zwei oder drei neben dem Topf liegende Steine gelegt wird, verhindert, dass es hineinregnet.

Jede Menge Krabbeltiere

Wer still sitzen kann und Geduld hat, bekommt zwischen den Halmen und Blättern der Wiese eine Menge zu sehen. Da gehen Marienkäfer auf die Jagd, Spinnen weben ihre Netze, die ewig hungrigen Blattläuse saugen an Blumenstängeln und Ameisen schleppen winzige Bröckchen zu ihrem Bau.

Blutzikaden und Marienkäfer haben etwas gemeinsam: Beide sind schwarz-rot gemustert und warnen damit ihre Feinde: „Vorsicht, ich schmecke schlecht! Friss mich lieber nicht!" Blutzikaden leben von Pflanzensaft, den sie mit ihrem Rüssel wie mit einem Trinkhalm aus den Blättern und Stängeln saugen. Marienkäfer sind der Schrecken aller Blattläuse: An einem einzigen Tag frisst ein Käfer bis zu fünfzig Stück!

Die Streifenwanze schmeckt nicht nur schlecht, sie fängt auch noch an zu stinken, wenn sie sich bedroht fühlt.

Blutzikade

Marienkäfer

Schwebfliege

Wespe

Manches, was wie eine Wespe aussieht, ist in Wirklichkeit eine harmlose Schwebfliege, die gar nicht stechen kann. Schwebfliegen spreizen die Flügel im Sitzen seitlich ab, Wespen aber legen sie meistens flach nach hinten. Schwebfliegen haben große, runde Augen, Wespen haben längliche Augen, die weit auseinanderliegen. Schwebfliegen können in der Luft „stehen" wie Hubschrauber, Wespen tanzen im Flug unruhig hin und her.

Wo Blattläuse sitzen, sind Ameisen nicht weit. Blattläuse trinken nämlich so viel süßen Pflanzensaft, dass sie einen Teil davon wieder ausscheiden. Diesen süßen „Abfall" holen sich die Ameisen. Als Gegenleistung beschützen sie die Läuse und verteidigen sie gegen Feinde.

Krabbenspinnen können sich so gut an die Blütenfarbe anpassen, dass sie kaum zu erkennen sind. Pech für die Insekten, die hier Nektar holen wollen.

Ganz schön laut!

Für Forscher

Nimm einen Kamm und einen Bleistift und fahre mit den Zähnen des Kamms auf dem Bleistift hin und her. Hörst du es „zirpen“? So ähnlich entsteht das Zirpen der Heuschrecken.

Wenn man im Sommer an einer Wiese entlanggeht, hört man es in allen Tonlagen zirpen und schnarren: Die Heuschrecken und Grillen wollen mit ihrem „Gesang“ ihren Weibchen gefallen. Die werden von dem Gezirpe nämlich angelockt und paaren sich dann mit den Männchen, die sie am tollsten finden.

Für ihr Zirpen benutzen Heuschrecken und Grillen eine Art Instrument: Sie reiben mit einer geriffelten Leiste über eine glatte Kante. Bei manchen Arten sitzt die Riffelleiste an den Hinterbeinen und die Kante am Flügelrand. Bei anderen Arten sitzt beides an den Flügelrändern.

Der Gemeine Grashüpfer hat nur kurze Fühler, kann nicht fliegen und frisst am liebsten Gräser und Blätter.

Das Grüne Heupferd hat sehr lange Fühler und kann ziemlich gut fliegen. Es frisst zwar auch Grünzeug, doch lieber noch Insekten und Larven.

Feldgrillen gehören auch zu den Heuschrecken. Wenn sie in Gefahr sind, verschwinden sie in ihren selbst gegrabenen Erdlöchern.

Wenn du näher an das Zirpen herangehst, verstummen die Heuschrecken erst einmal. Sie spüren die geringste Bodenerschütterung und hören dann auf zu musizieren. Falls es richtig gefährlich werden sollte, hüpfen sie mit großen Sprüngen davon. Doch wenn ein Feind langsam näherkommt, haben sie einen anderen Trick: Sie verstecken sich hinter Grashalmen und versuchen, sich unsichtbar zu machen. Sobald sich die Heuschrecken wieder sicher fühlen, geht das Konzert weiter.

Aber wie können Heuschreckenweibchen das Zirpen hören? Haben sie denn überhaupt Ohren? Aber sicher! Die Ohröffnungen sitzen allerdings nicht am Kopf, sondern an den Vorderbeinen oder am Hinterteil.

Schlaue Frage

Was bedeutet das Wort Heuschrecke eigentlich?
Das Wort „schrecken" bedeutete früher „springen". Heuschrecken sind also Tiere, die im Gras oder Heu springen.

Wespenspinnen weben ihre Netze genau so hoch, dass herumhüpfende Heuschrecken in den klebrigen Fäden landen.

Falter in allen Farben

Für Forscher

Beobachte einmal auf einer aufgeblühten Blume einen Schmetterling: Wenn er mit den Fühlern den Nektar gerochen hat, rollt er seinen Rüssel aus und stochert damit in der Blüte herum. Wie mit einem Trinkhalm saugt er den Nektar aus der Blüte. Damit der Rüssel Schmetterlingen beim Fliegen nicht im Weg ist, rollen sie ihn unter dem Kinn zusammen.

Schmetterlinge sind mit fast jeder Blüte zufrieden, wenn sie nur genügend Nektar darin finden. Mit ihren Jungen, den Schmetterlingsraupen, ist das ganz anders. Jede Raupenart braucht ihre ganz bestimmte Futterpflanze, sonst kann sie nicht zum Schmetterling heranwachsen. Deshalb legen Schmetterlinge ihre Eier immer an den richtigen Pflanzen ab.

Wichtige Futterpflanzen für Schmetterlingsraupen sind Brennnesseln, Disteln, Wiesenflockenblume, Veilchen und Wilde Möhre.

Das Tagpfauenauge hat seine Eier auf der Unterseite eines Brennnesselblatts abgelegt.

Sobald die Raupen geschlüpft sind, machen sie sich sofort über die Brennnesseln her.

Wenn die Raupen groß genug sind, hören sie auf zu fressen und geben einen endlos langen, zähen Spuckefaden ab, der an der Luft fest wird. Beim Fadenspucken drehen sie sich ständig um sich selbst, bis sie sich von oben bis unten in den Faden eingewickelt haben. Man sagt, sie haben sich verpuppt.

In der Puppe verwandelt sich die Raupe allmählich in einen Schmetterling. Der fertige Falter arbeitet sich aus seiner Puppenhülle heraus und kann nun selbst herumflattern, Nektar saugen, sich paaren und Eier legen. Natürlich legt auch er seine Eier nur an die richtigen Pflanzen, damit die schlüpfenden Raupen das Passende zu fressen finden.

Schwalbenschwanz

Kleiner Fuchs

Wenn die Raupe groß genug ist, hängt sie sich an einen Ast und wickelt sich in ihren Faden ein.

Nachdem sich die Raupe verwandelt hat, schlüpft der fertige Falter aus der Puppe heraus.

Das Augenmuster des Tagpfauenauges erschreckt Vögel, die den Schmetterling fressen wollen.

Die Jäger der Wiesen

Für Forscher

Wenn du einen Greifvogel fliegen siehst, schau ihn dir genau an:

Ist er schlank, ungefähr so groß wie eine Taube und steht wie ein Hubschrauber in der Luft? Dann ist es ein Turmfalke.

Segelt er in Kreisen über die Wiese und klingen seine Rufe wie das Miauen einer Katze? Dann ist es ein Mäusebussard.

Wo es vor kleinen Tieren nur so wimmelt, sind natürlich auch ihre Jäger zur Stelle. Die kleine Feldspitzmaus, aber auch Igel und Erdkröte sind hinter Regenwürmern, Käfern, Schnecken, Asseln und Spinnen her.

Turmfalke und Mäusebussard haben es auf die vielen Feldmäuse, auf junge Rebhühner und Feldhasen abgesehen. Wenn sie im Flug mit ihren scharfen Augen unter sich eine Bewegung sehen, lassen sie sich aus der Luft auf die Beute fallen.

Reiher und Störche gehen lieber zu Fuß auf die Jagd. Sie stelzen langsam durch die Wiese, bis sie einen Frosch, eine Eidechse, ein Vogeljunges oder eine Feldmaus entdecken. Dann greift der spitze Schnabel blitzschnell zu.

Ein Fuchs auf Mäusejagd lauert der Maus zuerst auf und springt dann mit einem gewaltigen Satz auf sie. Dachse riechen mit ihren feinen Nasen, wo es etwas zu holen gibt. Sie können sogar junge Mäuse im Boden erschnüffeln und buddeln sie dann einfach aus.

Feldspitzmaus

Erdkröte

Graureiher

Storch

Fuchs

Dachs

Kinderstube im Gräserwald

Schlaue Frage

Was passiert, wenn Vogeljunge von einem Feind entdeckt werden?
Dann tun die Vogeleltern alles, um auf sich aufmerksam zu machen – und von den Jungen abzulenken. Sie hüpfen laut jammernd vor dem Feind her und locken ihn dabei immer weiter von den Küken weg, bis sie in Sicherheit sind.

Für viele Tiere sind Wiesen genau der richtige Platz, um ihre Jungen aufzuziehen. Zwischen den Halmen kann man sich wunderbar vor Feinden verstecken und zu fressen gibt es auch genug.

Vögel, die auf dem Boden brüten, sparen sich zusätzlich eine Menge Arbeit beim Nestbau. Meistens drücken sie einfach eine flache Mulde ins Gras und polstern sie mit Moos oder ein paar Hälmchen aus – fertig. Kiebitz, Wachtelkönig und Brachvögel zum Beispiel machen das so. Mehr Aufwand ist auch nicht nötig, denn die Küken verlassen schon wenige Stunden nach dem Schlüpfen das Nest und gehen zusammen mit ihren Eltern auf Futtersuche.

Kiebitzeier und Kiebitzjunge sind genauso gefleckt wie ihre Umgebung.

Auch das Wachtelkönig-Weibchen baut sein Nest in der Wiese und legt dort seine Eier.

Der Große Brachvogel hat einen langen, nach unten gebogenen Schnabel.

Auch die Jungtiere von Rehen verstecken sich im hohen Gras der Wiesen. Ihre Feinde finden sie kaum, denn sie liegen reglos da und haben noch keinen eigenen Geruch. Doch die Gefahr kommt woanders her: Landwirte mähen die Wiesen mit großen Maschinen und sehen die Tiere nicht rechtzeitig. Die Rehkitze aber bleiben bei Gefahr einfach still liegen und flüchten nicht. Um junge Rehe zu retten, stellen Landwirte daher am Tag vor dem Mähen hohe Stangen mit Plastiktüten, Streifen aus Alufolie oder Stofffetzen auf, die im Wind flattern. Das ist für die Rehmütter gedacht: Weil ihnen das wehende Zeug nicht geheuer ist, führen sie in der folgenden Nacht ihre Kitze aus der Wiese hinaus – und retten sie so vor dem Tod.

Hasenjunge sitzen allein in einer Mulde in der Wiese. Die Hasenmutter kommt ein- oder zweimal am Tag, damit die Kleinen sich satt trinken können.

Damit die Wiese Wiese bleibt

Würde man eine Wiese längere Zeit sich selbst überlassen, dann wäre sie bald keine mehr. Überall würden die angeflogenen Samen von Sträuchern und Bäumen keimen, würden schnell größer werden und in einigen Jahrzehnten hätte sich die Wiese in einen Wald verwandelt. Doch die jungen Sträucher und Bäume vertragen das Mähen nicht. Der Mensch muss sich also nur einmischen und eine Wiese regelmäßig mähen, dann verschwinden sie wieder.

Wenn die Wiese gemäht wird, bringt das auch den Pflanzen Vorteile: Kleine Blumen wie Gänseblümchen und Wegerich haben für eine Weile wieder ausreichend Licht zum Wachsen. Und abgeschnittenes Gras treibt neue Halme aus – ein dichterer Grasteppich entsteht.

Doch wenn Wiesen zu früh und zu oft gemäht werden, können viele Blumen nicht in Ruhe blühen und ihre Samen reifen lassen. Auf solchen Wiesen sind nach wenigen Jahren außer Löwenzahn kaum noch Blumen zu sehen.

Schlaue Frage

Wie macht man Heu?
Wenn einige sonnige Tage zu erwarten sind, wird das gemähte Gras locker ausgebreitet, damit es möglichst viel Wärme bekommt. Weil es von allen Seiten gleichmäßig trocknen soll, muss es dabei mehrmals gewendet werden. Erst nach mindestens drei Tagen ist das Gras so trocken, dass es als Heu in die Scheune gefahren werden kann.

Anstatt eine Wiese zu mähen, kann man sie von Kühen oder Schafen beweiden lassen. Die vielen Kräuter sind für die Tiere gesund.

Wiese oder Rasen?

Die meisten Gartenbesitzer können mit Wiesen nicht viel anfangen. Sie wünschen sich stattdessen einen dichten, grünen Rasen. In so einer perfekten Rasenfläche wächst kein Gänseblümchen, kein Löwenzahn und schon gar kein Moos – nur saftig-grünes Gras. Zum Ballspielen und In-der-Sonne-Liegen ist so ein Rasen sicher genau das Richtige.

Eine Wiese eignet sich gar nicht als Spielplatz: Damit die Wiesenblumen in Ruhe wachsen können und nicht niedergetrampelt werden, sollte die Wiese möglichst wenig betreten werden.

Mein Lexikon

Rasen:
Rasen ist eine gleichmäßige, kurz geschnittene, dicht geschlossene Grünfläche, die nur aus Gräsern besteht. Rasen gibt es in Gärten, Parks und verschiedenen Sportanlagen. Er muss mindestens einmal pro Woche gemäht und regelmäßig gepflegt werden.

Eine angesäte Blumenwiese bietet nicht nur Insekten jede Menge Futter, sie ist außerdem wunderschön anzusehen.

Doch im Gegensatz zu einem blumenlosen Rasen ist eine Wiese ein Lebensraum für verschiedene Wiesenpflanzen und zahlreiche Tiere. Wer die Möglichkeit hat, ein kleines Fleckchen seines Gartens in eine wilde Wiese zu verwandeln, holt so ein Stück Natur in seinen Garten zurück.

Dort, wo man eine Blumenwiese ansäen möchte, sollte die freie Fläche aus einer Mischung aus Erde und Sand bestehen. So ist der Boden nicht zu fruchtbar und nicht zu feucht. Die verwendeten Samen sollten von heimischen Wildblumen stammen, da viele Insekten mit Blumen aus fremden Ländern nichts anfangen können. Dann müssen die Samen nur noch gleichmäßig ausgesät, leicht angedrückt und feucht gehalten werden.

Für Forscher

Du kannst eine Samenmischung für Wildblumen auch in einem Topf oder einem Blumenkasten aussäen. Hier gilt ebenso: Streue die Samen dünn in eine Mischung aus Erde und Sand, drücke sie vorsichtig an und halte sie feucht.

Wir gehen auf die Wiese

Dieses merkwürdige Schaumhäufchen an Blumen oder Gräsern nennt man Kuckucksspeichel. Die Larve der Wiesenschaumzikade hat sie aus Pflanzensaft und Luft gemacht. Zwischen den Bläschen wächst sie gut versteckt heran, ohne dass ihre Feinde sie sehen können.

Du kennst in deiner Nähe eine bunte Blumenwiese? Wie wär's mit einem Ausflug dorthin? Du nimmst am besten eine Becherlupe, einen Notizblock und Buntstifte mit. Wenn du ein Bestimmungsbuch für Pflanzen und Tiere hast, kannst du es auch noch einpacken.

Am besten setzt du dich einfach an den Rand der Wiese und bewegst dich möglichst wenig. Die vielen kleinen Krabbeltiere beruhigen sich schnell wieder und du kannst ihnen beim Fressen, beim Jagen oder einfach beim Herumkrabbeln zusehen.

Biege Grashalme zur Seite, drehe vorsichtig Steine um und schau auch mal in versteckte Winkel. Vielleicht kannst du dort etwas Spannendes sehen.

Wenn du Vogeleier oder Hasenjunge entdeckst, dann zieh dich vorsichtig und leise zurück. Fasse sie nicht an und verändere nichts!

Die wichtigsten Regeln: Lass nichts zurück außer deinen Fußspuren. Freu dich daran, was du sehen kannst, und nimm nur Erinnerungen mit nach Hause.

Mit einer Becherlupe kannst du dir kleine Tiere, die im Becher sitzen, bequem durch den Lupendeckel ansehen. Setze die Krabbeltiere anschließend wieder dorthin zurück, wo du sie gefangen hast.

Zwischen Grashalmen kannst du Regenwurmhäufchen finden. Regenwürmer schieben sie am Ende ihrer Gänge aus der Erde. Regenwurmkot ist erstklassiger Blumendünger.

Wer Schmetterlingsraupen entdecken will, muss genau hinsehen. Die Raupen verstecken sich meistens zwischen Stängeln und Blättern. Es ist gut, wenn du die Futterpflanzen für Raupen kennst!

Der Körper des Ampferblattkäfers schillert in verschiedenen Farben. Wenn man vorsichtig an das Blatt tippt, rettet sich der Käfer, indem er sich einfach in die Tiefe fallen lässt.

Die Autorin

Veronika Straaß ist Diplom-Biologin und als Autorin, freie Journalistin, Übersetzerin und Lektorin tätig. Sie hat bereits zahlreiche Bücher und Zeitschriftenartikel für Kinder und Jugendliche verfasst. Es ist ihr wichtig, den jungen Lesern die Natur vor unserer Haustür näherzubringen. In ihrer Freizeit beschäftigt sie sich gerne mit ihrer Eurasier-Hündin Luna.